MGR DORDILLON

NOTICE

SUR SA VIE APOSTOLIQUE ET SA MORT

LETTRE

DU R. P. GÉRAULD CHAULET

PRÊTRE DES SS. CŒURS

MISSIONNAIRE APOSTOLIQUE AUX ILES MARQUISES

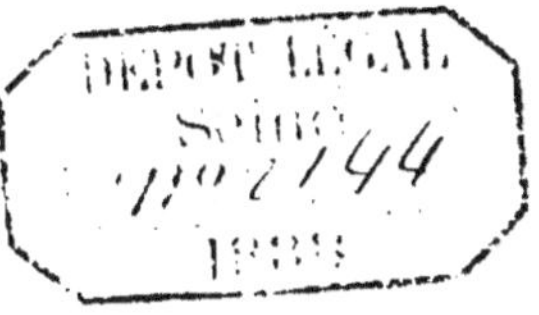

PARIS

IMPRIMERIE F. LEVÉ

RUE CASSETTE, 17

—

1888

LETTRE
DU R. P. GÉRAULD CHAULET

MISSIONNAIRE APOSTOLIQUE

Au T. R. P. Supérieur Général de la Congrégation des Sacrés Cœurs

(PICPUS)

SUR LA VIE APOSTOLIQUE ET LA MORT

DE MONSEIGNEUR DORDILLON

VICAIRE APOSTOLIQUE DES ILES MARQUISES (OCÉANIE).

Taiohaé, 16 janvier 1888.

MON TRÈS RÉVÉREND PÈRE,

Je crois vous faire plaisir en vous envoyant une petite notice biographique sur notre bien regretté Vicaire Apostolique, Mgr Ildefonse Dordillon.

René Dordillon, né à Sainte-Maure (Indre-et-Loire) d'une famille très honorable, le 11 octobre 1808, entra au noviciat de la Congrégation des Sacrés Cœurs le 23 janvier 1836. Il était prêtre. Le 2 février 1837, il fit ses vœux, sous le nom de frère Ildefonse.

Après avoir rempli en France plusieurs emplois et charges, il fut envoyé aux Iles Marquises et partit le 20 juillet 1845. Le 23 janvier 1846, il aborda aux Marquises avec le titre de Provincial de cette mission.

En arrivant à Vaitahu, il y trouva vingt-cinq chrétiens avec quelques catéchumènes. A l'île Uapou il trouva sept chrétiens et aussi quelques catéchumènes. C'étaient à peu près tous les résultats obtenus depuis le mois d'août 1838, époque à laquelle entrèrent à Vaitahu les premiers missionnaires.

Le Saint-Siège avait érigé la mission des Iles Marquises en 1836.

I

Travaux apostoliques de Mgr Dordillon et services rendus par lui au pays.

Les travaux apostoliques de Mgr Dordillon furent grands et nombreux, soit avant, soit après sa nomination comme Vicaire Apostolique.

Disons tout de suite qu'il fut nommé Vicaire Apostolique des Iles Marquises, avec le titre d'évêque de Cambysopolis, le 7 décembre 1855 ; il fut sacré à Valparaiso (Chili) le 8 février 1857.

Comme on le voit, il travaillait déjà depuis longtemps dans la mission.

Pour bien apprécier les travaux des missionnaires aux Marquises, il faudrait avoir connu la religion, les superstitions, le caractère, la dépravation des mœurs, les usages et coutumes de ces insulaires. Le tout demanderait un volumineux ouvrage. Il suffit de savoir que les obstacles au bien étaient on ne peut plus nombreux et, humainement parlant, insurmontables. Ces pauvres gens étaient complètement aveuglés par le démon et dégradés par les passions. Ils ne connaissaient que le mal ; dans leur langue, il n'y a pas même de termes pour nommer les vertus.

Après avoir passé trois mois à Vaitahu avec Mgr Baudichon, le Père Dordillon se rendit à l'île Uapou, le 4 juin 1846. La mission était établie à Hakahau ; mais le peuple de ce district était en guerre avec la peuplade voisine. Tous les jours, il fallait dire la sainte messe de bon matin, et puis partir au plus vite, dans la crainte de recevoir des flèches ou des balles. Voyant que ce malheureux peuple ne pensait qu'à guerroyer et pas du tout à prier, le Père Dordillon résolut d'aller, au péril de sa vie, chez la peuplade ennemie pour l'engager à cesser la guerre. La paix fut conclue, en effet, le 26 avril 1847, et le Père fit jeter, à Hakahau, les fondements d'une église en pierre. Alors on voit se manifester une véritable ardeur pour la prière dans cette île. La même année, la reine Tahiapeu se mit à prier avec son peuple (13 septembre 1846), et, le 17 janvier 1847, commença le catéchuménat pour la princesse Tahiakoétoua et ses sujets.

De Uapou, le Père Dordillon se rendit à Taiohaé (île Nukuhiva) où le Père Dominique Fournon avait déjà obtenu quelques succès. Dès lors, on vit la mission s'étendre et grandir. Par ses nombreux services, le Père Dordillon parvint à gagner l'affection de Temoana Ier et de sa femme Vaekehu. L'un et l'autre l'adoptèrent pour leur petit-fils, titre le plus affectueux chez les Marquisiens. Le 29 juin 1853, le Père Dordillon eut la consolation de les baptiser tous les deux. De cette époque date un très grand élan pour la prière aux Marquises.

En 1853, la bonne nouvelle fut portée à l'île Fatuiva, en 1855 à l'île Hivaoa, en 1858 à l'île Uahuka. L'Évangile se trouvait ainsi prêché dans tout l'archipel. A son arrivée, le Père Dordillon trouva les Iles Marquises presque entièrement païennes. A sa mort, il laissa les îles Nukuhiva et Uapou chrétiennes. La majorité est chrétienne aussi dans les autres îles, et partout l'on prie.

Grâce à ses actions et à ses manières charitables, affectueuses, douces, affables, prévenantes, conciliantes, le Père Dordillon gagna tous les cœurs ; il était, comme saint Paul, *pressé par la charité de Jésus-Christ* (II. Cor. 5, 14). Pour convertir ces pauvres sauvages à la religion catholique, souvent il a exposé sa vie. Deux fois il est tombé au fond de la mer. Deux fois aussi il a failli être tué par les insulaires, en leur faisant sa première visite. Il a manqué une fois de tomber dans un précipice. — Etait-on en guerre quelque part ? Aussitôt il s'y transportait, afin de rétablir la paix. C'était le grand pacificateur du pays. A Uapou, il négocia et obtint la paix entre les Naiki et les Atipopa ; à Nukuhiva, entre les Teié et les Taipi, les Puhiaho et les Katuoho, les Atitoka et les Pua. A l'île Hivaoa, il a aidé deux fois la France à rétablir l'ordre et la concorde, et a empêché ainsi de verser le sang. Les Kanaques ne l'ont pas oublié, et c'est l'un des motifs pour lesquels ils lui vouaient un véritable amour.

Là d'ailleurs ne se bornaient pas les services rendus par lui au pays.

Il s'est toujours occupé d'une manière particulière de l'instruction de la jeunesse. Par ses soins on a enseigné aux Marquisiens les connaissances qui sont pour l'homme un bienfait ; on a introduit dans ces îles un grand nombre de plantes et d'arbres utiles, on a commencé en 1860 à faire des routes. Comme la paresse est la mère de tous les vices, Monseigneur s'appliqua à donner aux indigènes le goût du travail ; il les engagea à se livrer à la culture du coton, culture la plus facile et la plus convenable au sol et au climat du pays. Par ce moyen, les indigènes furent en peu de temps vêtus à l'européenne, et l'élan fut donné au commerce qui était nul aux Marquises avant cette époque (1869).

On comprend que Monseigneur ait été vénéré et aimé de tous, étrangers et naturels. On l'appelait : père, ami, bienfaiteur de la jeunesse, père nourricier des Kanaques, soutien, pacificateur, évêque par excellence.

Lorsqu'arrivait sa fête, la Saint-René, on venait de toute part la lui souhaiter avec joie et cordialité ; il faut en dire autant du premier jour de l'an. Pendant sa maladie, et quoiqu'il fût très souffrant, les élèves des sœurs de Saint-Joseph-de-Cluny ont tenu à le complimenter comme d'usage à ces deux époques. C'était plutôt un deuil qu'une fête ; Monseigneur donnait sa bénédiction néanmoins à chaque enfant en particulier. Il a reçu plusieurs fois la visite de notre excellent administrateur, des commerçants, des chefs et de plusieurs colons. Tous les indigènes qui venaient à Taiohaé, soit des districts, soit des autres îles, me suppliaient de les introduire auprès de Sa Grandeur, pour la saluer et pour recevoir sa bénédiction. Ils baisaient sa main avec un ardent amour, puis s'accroupissaient auprès du lit pour pleurer. C'était touchant au dernier point, et je ne pouvais retenir mes larmes, en voyant une douleur si vive et si affectueuse de leur part.

A la date du 7 octobre dernier, le R. P. Collette m'écrivait de Taïti : « J'ai un grand chagrin de savoir « Mgr Dordillon si malade. Quelle perte pour les « Marquises ! Digne évêque, fervent religieux, apôtre « zélé, vigilant administrateur, tendre père pour « tous, homme plein de bonté, doux, pacifique, bien- « veillant, affectueux, de bon conseil. Tous ceux qui « vont aux Marquises font son éloge. Quelle perte « encore une fois, lorsqu'il viendra à mourir. ! » — Oui, Monseigneur était aimé : plusieurs officiers, commerçants, capitaines de frégate, passés aux Marquises il y a plus de 30 ans, lui écrivaient encore des lettres très affectueuses auxquelles j'ai dû répondre.

II

Ses connaissances et ses divers ouvrages.

Mgr Dordillon savait bien la langue anglaise. Il avait des connaissances en littérature, sur les sciences et les arts. On le surnommait le poète, l'astronome, le botaniste, l'artiste.

Possédant parfaitement la langue marquisienne,

il en a fait une grammaire très estimée et qui rend toujours d'excellents services aux jeunes missionnaires. En outre il a donné les dictionnaires marquisien-français et français-marquisien, une introduction à la langue kanaque et, dans cet idiome, un très grand nombre de cantiques, un abrégé de la vie de Notre-Seigneur Jésus-Christ, la traduction de quelques Évangiles des dimanches et fêtes, la vie de plusieurs saints, des opuscules divers, même sur les sciences, plusieurs milliers de vers sur la religion, etc. Mais tous ses travaux n'ont pas été imprimés.

III

Maladie de Mgr Dordillon.

Depuis plusieurs années, Monseigneur avait un œdème à chaque pied. Son mal pourtant ne l'empêchait pas de remplir son ministère. Vers le commencement de juillet 1887, il fut atteint d'une sciatique à la hanche gauche, et pendant quinze jours, malgré de vives douleurs, il s'acquitta encore exactement de ses fonctions. Le 15 août, les douleurs ayant augmenté et la vue s'étant affaiblie d'une manière extraordinaire, il m'appela auprès de lui pour dire la messe aux fidèles, visiter les malades, faire sa correspondance et lui servir d'infirmier.

Le 18 août, il cesse de dire la sainte messe, mais appuyé d'un côté sur mon bras et de l'autre sur sa canne, il se rend tous les jours à l'église pour assister au saint sacrifice et faire la sainte communion. Du

8 octobre jusqu'au 20, le frère Michel et moi nous l'y portons sur son fauteuil chaque matin. Le 20 octobre, les douleurs s'aggravant de plus en plus, il reçoit la sainte communion chez lui, et ainsi tous les matins, sauf les deux derniers jours de sa vie.

Le 2 novembre il s'alite. Le 4, l'œdème monte dans les jambes. Le 8, il est très abattu avec une grande chaleur dans tout le corps. A partir du lendemain, il ne prend et ne prendra désormais pour toute nourriture qu'un peu de bouillon et de lait. Le 7 et le 8 décembre, il est très faible et demande à recevoir l'Extrême-Onction, qui lui est administrée par le R. P. Fulgence. Le 3 janvier, il demande le saint Viatique.

La reine Vaekehu tapisse tout l'appartement du malade avec des étoffes indigènes. Les élèves des sœurs de Saint-Joseph-de-Cluny, au nombre de plus de 100, forment une double haie de la porte de l'église jusqu'à l'évêché, tenant à la main des flambeaux allumés. Monseigneur reçoit le saint Viatique avec une grande ferveur, puis il demande qu'on récite les prières des agonisants. Assistent à la cérémonie le R. P. Fulgence et votre serviteur, les frères Michel, Florent, Séverin, Nicolas, les sœurs, la reine Vaekehu avec sa suite, Sabine, femme du roi Stanislas Moanatini, avec ses deux filles, dont l'une est reine à l'île Tahuata, puis quelques fidèles dévoués.

Reconnaissance aux sœurs de Saint-Joseph-de-Cluny, qui ont eu un soin extrême de Monseigneur pendant le cours de sa maladie ! Oui, grande reconnaissance à ces excellentes sœurs !

Le 11 janvier, avant d'aller dire la sainte messe,

je demande à Monseigneur s'il a besoin de quelque chose. Il me répond : « Je n'ai besoin de rien. » La messe terminée, je me rends auprès de lui, et 3 ou 4 minutes après, il rend paisiblement sa belle âme à Dieu en ma présence et en présence du R. P. Fulgence, des frères et de la supérieure des sœurs. Point d'agonie, point de mouvement pénible, il s'éteint comme une lampe qui n'a plus d'huile. Il est mort muni de tous les secours de la religion.

Il doit avoir fait son purgatoire sur sa couche de douleurs. Dieu l'a épuré comme on épure l'or dans le creuset. Depuis le 15 août, il a extrêmement souffert de l'œdème, de la sciatique, d'une grande chaleur dans tout le corps et finalement d'une forte oppression. Depuis le 2 novembre, il est resté constamment couché sur le dos, sans pouvoir remuer les jambes ni se tourner sur les côtés. Son dos avait deux larges plaies, son oreille droite était dans un état pitoyable, à force de rester toujours dans la même position. Quel supplice que cette immobilité absolue ! Quand la nécessité nous forçait de le lever, il éprouvait des douleurs tellement vives que les larmes lui venaient aux yeux.

Et au milieu de toutes ces souffrances, je n'ai jamais entendu sortir de sa bouche un seul mot de plainte, je n'ai jamais vu en lui le moindre signe d'impatience. A tout instant du jour et de la nuit, joignant les mains, il s'écriait : « O bon Jésus ! O bon Jésus ! » Sa résignation et sa patience ont été héroïques, sa piété et sa ferveur angéliques. Ne pouvant plus dire son bréviaire, il récitait dévotement son chapelet qu'il gardait toujours suspendu au bras,

comme il avait toujours aussi le scapulaire des Sacrés
Cœurs sur la poitrine.

IV

La nouvelle de sa mort et les funérailles.

Quand Monseigneur eut rendu le dernier soupir, la triste nouvelle se répandit avec la rapidité de l'éclair, et la consternation fut générale.

Aussitôt arrivent la reine Elisabeth Vaekehu et le roi Stanislas Moanatini, chacun avec sa suite. Il nous fallut fermer porte et fenêtres pour revêtir Monseigneur des ornements pontificaux. Pendant ce temps, les sœurs préparent au salon un lit de parade, placent des tentures noires tout autour de cette pièce, ainsi qu'à la porte et à la façade de la résidence épiscopale. Quand le corps est exposé sur le lit funèbre, commencent des scènes vraiment émouvantes. Tout le monde veut le voir, tout le monde veut baiser une dernière fois l'anneau pastoral de son Evêque. Plusieurs, en signe d'amitié et de reconnaissance, déposent au pied du lit des étoffes indigènes. La reine Elisabeth prosternée, le front contre le parquet, pleure à chaudes larmes. Le roi Stanislas Moanatini, père adoptif de Monseigneur, couvre son visage de baisers. Sabine, sa femme, qui était retenue à la maison par un mal de jambes, vient avec beaucoup de peine, s'appuyant sur un bambou, se met à genoux devant le corps, et, toute éplorée, elle dit à haute voix : « Je te salue, ò notre bon Evêque, ò notre bon Père, qui viens de mourir au milieu de tes enfants! C'est toi qui nous as appris à prier, qui nous as retirés du chemin de la perdition, qui nous a montré le chemin du ciel, qui nous as faits enfants de Dieu!... Pourrons-nous jamais assez te regretter, assez te pleurer, ò tendre Père?... Qu'il est douloureux de te dire : Adieu! Adieu! Adieu! »

La cérémonie des funérailles est fixée au 12, à 9 heures du matin. Dès 8 h. 1/2, toutes les notabilités, tous les chefs, tous les commerçants, tous les colons et aussi tous les indigènes sont là pour rendre à l'Évêque défunt les honneurs funèbres.

L'église est entièrement tendue de noir à l'intérieur et à la façade. Au milieu de la nef se dresse le catafalque entouré de flambleaux. A la demeure épiscopale les insignes de Monseigneur sont placés sur le cercueil. De l'évêché à l'église, les élèves des sœurs, chacune avec un flambeau allumé, forment une double haie. Le corps est porté par quatre jeunes gens, et quatre chefs tiennent les cordons du poêle. Le R. P. Fulgence a célébré le saint sacrifice. Pendant toute la cérémonie les élèves des sœurs ont beaucoup pleuré. Comme dernier adieu, tout le monde sans exception, hommes, femmes et enfants, ont jeté l'eau bénite sur le cercueil. Un caveau était creusé dans le chœur de l'église, près de l'autel de la Sainte-Vierge. Le corps y a été déposé, selon que Monseigneur en avait exprimé le désir. L'assistance ensuite s'est retirée morne et silencieuse.

Je puis répéter, à la gloire de notre bien-aimé Vicaire Apostolique, ces paroles des Livres saints : « *La mémoire du juste sera accompagnée de louanges.* »

(Prov. 10, 7.) « *Il a été aimé de Dieu et des hommes ; son souvenir est en bénédiction parmi son peuple.* » (Ecclésiastique, 45, 1.) « *Tout le peuple le pleurera* » et le pleure encore. (I Reg. 28, 3.) « *Sa mémoire ne s'effacera pas* (aux Marquises); *elle sera douce à la bouche de tous, comme du miel,* » (Ecclésiastique 49, 2.) parce qu'elle repose sur sa charité et ses bienfaits.

Le 12, à la prière du soir, j'ai engagé les assistants à prier pour le repos de son âme. Tous ont éclaté en sanglots. Après la prière, plusieurs m'ont dit : « Mais Monseigneur est au ciel ! Il a fait son purgatoire sur son lit de douleurs. » Quelques fidèles, en habit de deuil, ont déjà fait la sainte communion à son intention et m'ont assuré qu'ils la feraient longtemps encore.

Tous les jours, à 11 heures du matin, la reine Élisabeth Vaekehu se rend à l'église, afin de prier pour lui. Elle est inconsolable, comme une tendre mère qui aurait perdu son fils unique.

La mort nous l'a enlevé ; mais nous le suivrons tous de notre affection dans la terre des vivants.

Seigneur nous nous rappellerons toute notre vie votre serviteur, si pieux envers vous, si affectueux pour les siens, si bon, si charitable, si doux, si affable, si obligeant pour tout le monde.

Qu'il repose en paix !

Tel est, mon Très Révérend Père, le sommaire très succinct des travaux, du dévouement, de la popularité, de la maladie, de la mort et des funérailles de notre bien regretté Vicaire Apostolique.

Veuillez me croire pour toujours dans les Sacrés Cœurs, mon Très Révérend Père,

Votre très respectueux, très humble,
et très affectionné

Fr. GÉRAULD CHAULET, *miss. apost.,*
prêtre des Sacrés Cœurs.

PARIS. — F. LEVÉ, IMPRIMEUR DE L'ARCHEVÊCHÉ, RUE CASSETTE, 17.